100 Dinge

die man einmal im Leben
getan haben sollte

GROH

Schreibe einem wichtigen Menschen in deinem Leben einen Dankesbrief

Einfach so, aus keinem speziellen Anlass. Einfach nur, weil dieser Mensch dir viel bedeutet und du ihm das gerne zeigen möchtest.

Ein selbstgeschriebener Brief ist heutzutage etwas ganz Besonderes und der Empfänger wird sich mit Sicherheit riesig darüber freuen.

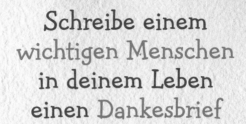

Erledigt!

Mache die
Fastenzeit mit

Wenn nicht aus religiösen Gründen, so eben aus dem ganz einfachen Bedürfnis heraus, sich selbst etwas richtig Gutes zu tun.

Danach fühlt man sich erstens gesünder, und zweitens freier, weil man sich bewiesen hat, dass man durchhalten kann.

Erledigt!

Besteige
einen
Berg

Es muss ja nicht gleich
das Matterhorn sein.

Worauf es ankommt,
ist, dass man an seine
körperlichen Grenzen geht,
über sich selbst hinauswächst,
den Alltag komplett hinter sich
lässt und, oben angekommen,
einen unwahrscheinlich
schönen Erfolgsmoment
genießen kann.

Erledigt!

Teile etwas,
was dir viel bedeutet, mit einem anderen Menschen

Das kann ein toller Restauranttipp oder auch
ein echtes Geheimnis sein. Es reicht aber auch schon,
den Apfel, der noch in der Obstschale liegt, zu teilen.
Mit Sicherheit macht man damit jemanden glücklich.

Erledigt!

5.

Beende etwas, was dir nicht gut tut

Ob Freundschaft oder Liebesbeziehung –
wir bleiben oft bis zum bitteren Ende.
Dabei ist es manchmal so wichtig, einen klaren
Schlussstrich zu ziehen, auch wenn es weh tut.

Besser ein Ende mit Schrecken als ein Schrecken ohne Ende.

Umso schneller bist du frei für Neues!

Erledigt!

Werde zum
König der Lüfte

Ob Paragliding,
Heißluftballon oder
Fallschirmsprung –
dieses unbeschreibliche
Gefühl von Freiheit
und Leichtigkeit muss
man einfach einmal im
Leben gespürt haben.

Nur Mut!

Erledigt!

Komm erst dann nach Hause, wenn die Sonne schon wieder aufgeht

Und das am besten nach einer rauschenden Nacht.
Man ist gleichzeitig müde und trotzdem hellwach.
Die Erinnerung an die vergangene Nacht
ist noch präsent und während andere schon wieder
aus dem Haus gehen, versinkt man mit einem
seligen Lächeln zufrieden in tiefen Schlaf ...

Erledigt!

Riskiere etwas

Es muss ja nicht gleich das Schwimmen im Haifisch-becken sein (oder doch?), aber so ein bisschen Mut zum Risiko hat noch keinem geschadet.

Egal ob ein Jobwechsel, eine Abenteuerreise oder der Umzug in eine neue Stadt –

wer nicht wagt, der nicht gewinnt.

Erledigt!

Fahre 3000 km
für ein
Konzert
deiner Lieblingsband

Diesen Punkt sollte man möglichst
vor seinem 25. Geburtstag erledigt haben,
sonst besteht die Gefahr, nicht mehr
für ganz voll genommen zu werden.
Danach am besten erst wieder nach Beginn
des 65. Lebensjahrs, ganz nach dem Motto:

je oller, je doller.

Erledigt!

Mache lustige
Blödelfotos
im Fotoautomaten

Zugegeben, vielleicht ein bisschen albern. Aber was für ein Spaß, wenn man gefühlte 30 Jahre später auf diesen kleinen Fotostreifen blickt und sein jüngeres Ich anschaut, das da zusammen mit Freunden die lustigsten Grimassen zieht!

Erledigt!

Schwimmen im Regen

Es ist Sommer, gleich kommt
die Sonne wieder hinter den
Regenwolken hervor,
der kurze Schauer macht dir
überhaupt nichts aus.

Alles ist nass, der
Regen prickelt lustig
auf der Haut und
fühlt sich irgendwie
noch nasser an als
das Wasser …

Erledigt!

Lies einen
Klassiker...

... und beweise allen, dass du sehr schlau und
überaus belesen bist. Vorschläge gefällig?
Goethe: Faust; Tolstoi: Anna Karenina; Fitzgerald:
Der große Gatsby; Hesse: Der Steppenwolf...

Erledigt!

Spende
eine ordentliche Summe
Geld

Und zwar nicht dem nächsten Schuhgeschäft,
sondern einer karitativen Einrichtung, die Menschen
unterstützt, die es nicht so gut haben wie wir.

 Erledigt!

Sage

„Ich liebe dich"

und meine es auch so

Manchmal braucht man dafür ein ganzes Leben.
Wie alt man dabei ist, spielt keine Rolle,
denn am Ende zählt nur, dass es von Herzen kommt.

Erledigt! ☐

Schlafe unter dem
Sternenhimmel

Eine laue Sommernacht,
das Zelt ist zwar aufgebaut,
aber es ist viel zu warm,
um drinnen zu liegen.

Die Grillen zirpen,
der See liegt still da,
der Mond steht
kugelrund am Himmel,
die Sterne funkeln
um die Wette,
weil die Nacht so klar
und so schön ist ...

 Erledigt!

Bekomme einen
Lachanfall
in einem ganz
ungünstigen Moment

Während der Predigt in der Kirche. Bei einem wichtigen Vortrag. Während der Bestellung, weil der Kellner so lustig lispelt.

Wichtig: Je peinlicher die Situation, desto amüsanter wird die Erinnerung daran später einmal sein.

Erledigt!

Fahre
Achterbahn

Die Haare fliegen, die Luft bleibt weg,
der Adrenalinpegel steigt.
Irgendjemand kreischt – ist man
das etwa selbst? Jetzt geht's bergab,
ein letzter Looping, noch einmal
mit Karacho um die Kurve, dann ist
die Fahrt auch schon wieder vorbei.

Was für ein Spaß!

Erledigt!

Besuche mindestens 5 europäische
Hauptstädte

Eine Auswahl gefällig?

London ☐ **Paris** ☐ Berlin ☐ Madrid ☐
Wien ☐ Reykjavik ☐ Zagreb ☐ Rom ☐
Kiew ☐ Sofia ☐ Bern ☐ **Oslo** ☐ Vaduz ☐
Helsinki ☐ **Stockholm** ☐ Minsk ☐
Dublin ☐ Monaco ☐ Athen ☐ Vilnius ☐

Erledigt! ☐

19.

Besuche alle
7 Kontinente
dieser Erde

7??? Ja, 7, denn neuerdings wird gerne
auch Antarktika als ein Kontinent gezählt.
Die anderen 6 sind übrigens: Asien, Nordamerika,
Südamerika, Australien, Europa und Afrika.

Europe

North America

Asia

Africa

Australia

South America

Antarctica

Erledigt!

Kaufe etwas, was eigentlich über deinem Budget liegt

Zugegeben, so manch einer wird damit
überhaupt kein Problem haben, hat er
diesen Punkt doch schon zur Genüge erledigt.

In diesem Fall bitte abhaken
und weiter zum nächsten Punkt.

Erledigt!

Reise mit dem Rucksack durch ein fernes Land

Die Beschränkung auf das Wesentliche macht uns reicher und freier als so manches Konsumgut. Nur mit dem Nötigsten bepackt durch ein fremdes Land zu reisen, macht uns zu mutigen Abenteurern, denen die ganze Welt offen steht.

Erledigt!

Leide an
Liebeskummer

Einmal im Leben sollte jeder ordentlich Liebeskummer gehabt haben. Denn der gehört nun mal zum Leben dazu, genauso wie sein Gegenstück, die Liebe.

Verlust

Wie heißt es so schön?
Nur wer leiden kann,
kann auch lieben ...

Erledigt!

23.

Rette
jemandem
das Leben

Die Gelegenheit dazu
wird man (zum Glück) nicht allzu
häufig bekommen, es sei denn
man ist Arzt oder Feuerwehrmann.

Falls es doch mal soweit komm*
unbedingt sofort reagieren,
schnell retten und
unsterblich werden.

Erledigt!

Fahre zum Flughafen, kaufe ein Ticket und **flieg** einfach weg

Träumen wir davon nicht alle? Am besten jetzt sofort und auf der Stelle? Dabei ist das einer von diesen Träumen, die noch einigermaßen realistisch sind.

Also, worauf wartest du noch?

Erledigt!

Erlebe einen Sonnenaufgang am Meer oder in den Bergen

Seufz …
Wozu frühes Aufstehen
doch gut sein kann!

Mehr Romantik geht nicht.

Übrigens auch eine ideale Gelegenheit, den Grundstein für Nr. 68 (-> Heiraten!) zu legen

Erledigt!

Tröste jemanden, bis es ihm wieder besser geht

Mache eine Wärmflasche, singe ein Lied, koche Grießpudding, höre zu, sei da.

Wie schön, wenn es dem Getrösteten dank dir wieder besser geht, oder?

Erledigt!

Bleib einen ganzen Tag lang im Bett liegen

Schlafen bis mindestens 11.00 Uhr, langes Frühstück im Bett (Krümel inklusive), danach abwechselnd lesen, fernsehen, telefonieren, dösen ... Gähn ...

War noch was

☐ Erledigt!

Sündige ohne Reue

Und fang mit der Tüte Chips an.
Letztendlich isst man sie doch sowieso.
Und ohne Reue macht es einfach
100mal mehr Spaß!

Erledigt!

Fühl dich gut

Manchmal leichter gesagt, als getan.
Wahrscheinlich braucht man
ein paar Jährchen auf dem Buckel,
um sich tatsächlich komplett
wohl in seiner Haut zu fühlen.

Bis dahin reicht es allemal,
sich wenigstens 4 x im Jahr im Spiegel
anzuschauen und zu denken:

Wow!

Erledigt!

Verwirkliche einen Traum

Wie heißt es so schön?
Auch der längste Weg
beginnt mit dem
ersten Schritt!

Erledigt!

31.

Werde **Fan** von einer **Fußball-mannschaft**

Wer sich noch frei entscheiden kann, der wählt am besten eine erfolgreiche Mannschaft.

Senkt das Frustrationsrisiko ...

 Erledigt!

Erlaube dir **Fehler**

Im Laufe unseres Lebens machen wir wahrscheinlich mehr als nur einen Fehler. Und das ist auch gut so. Wir wären ganz schön unsympathisch, wären wir fehlerfrei, oder?

32.

 Erledigt!

Erfülle einem wichtigen Menschen einen Wunsch

Deine Mutter wollte immer schon mal mit dir zusammen in den Urlaub fahren? Dein Partner wünscht sich, dass du mit ihm zusammen einen Tangokurs machst? Tu es einfach.

Erledigt!

Lerne verzeihen

Sei großmütig, auch wenn es dir schwer fällt. Wie war das bei Nr. 32? Eben. Auch andere Menschen machen Fehler. Wer verzeihen kann, beweist echte Stärke.

Erledigt!

Entschuldige dich
aufrichtig bei jemandem

Das kleine große Wort „Entschuldigung" –
manchmal gar nicht so leicht, es auszusprechen.
Dabei hat es eine unschlagbare Wirkung.

Wir sollten es uns nicht so schwer macher

 Erledigt!

Lauf einen Halbmarathon

Am besten,
du fängst sofort
an, zu trainieren.

Denn ehrlicherweise
müsste es eigentlich
heißen „Lauf einen
Marathon".

Erledigt!

Fliege mit einem
Flugzeug

Muss man einfach
mal gemacht haben.

Allein schon des guten Essens wegen ;-)

Erledigt!

Kündige
deinen Job

Natürlich nicht sofort, das sollte man sich vorher
schon genau überlegen. Aber eines ist klar,
seinem Chef eine Kündigung auf den Tisch zu legen
ist ein unbeschreiblich befriedigendes Gefühl.

Und dann
beginnt
ein neues
berufliches
Abenteuer ...

Erledigt!

39.

Gehe **angeln** und fange einen dicken **Fisch**

Ist gut für die Umwelt,
kostet nicht viel und das Abendessen
ist auch gesichert
(falls der dicke Fisch anbeißt ...).

Erledigt!

Verliebe dich
Hals über Kopf und rettungslos

Einmal im Leben (mindestens) sollte jeder
1000 Schmetterlinge im Bauch haben und vor lauter
Herzflattern weder essen noch schlafen können.

Love is
in the air …

Erledigt!

Ändere deine
Haarfarbe

Ob Rot, ob Blau, ob Grün, ob Schwarz ...
Wie wär's mal mit einer kleinen
oder größeren Typveränderung?
So kann man sich schwuppdiwupp
wie ein neuer Mensch fühlen.

Ist unkompliziert
und tut gut.

Erledigt!

Lass eine alte **Freundschaft** wieder aufleben

Leider verlieren wir Menschen manchmal aus den Augen. In Zeiten von Facebook & Co. kann man jedoch ohne Probleme alte Kontakte wieder aufleben lassen.

Wie schön, wenn man sich nach langer Zeit wiedertrifft!

Erledigt!

Trete aus Facebook aus ...

... falls du Mitglied bist.
Unnötige Zeitfresser
braucht kein Mensch.

Gut, das ist zugegebenermaßen jetzt
etwas kontraproduktiv zu Nr. 42,
aber man kann ja erst alte Freunde suchen
und dann austreten, oder?

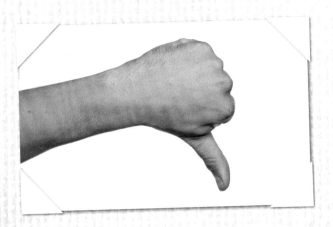

Erledigt!

Blamiere dich mal so richtig

Beim Babysitten Rotwein übers weiße Sofa geschüttet? Etwas zu laut über den Chef gelästert? Gräm dich nicht. Das gibt den besten Stoff für wunderbare Anekdoten.

Erledigt!

Melke eine Kuh

Es ist gar nicht so leicht, aber man sollte es unbedingt einmal gemacht haben.

Erledigt!

Lächle einen Tag lang alle Menschen an, die dir begegnen

Und du wirst ziemlich schnell merken, dass dir plötzlich jede Menge guter Laune entgegenstrahlt. Ein herzliches Lächeln entwaffnet selbst den miesesten Miesepeter.

Erledigt!

Übertreffe dich selbst

Am besten schafft man das, indem man seine Erwartungen von Anfang an etwas niedriger schraubt. Auch ein kleines Erfolgserlebnis wirkt sehr beflügelnd.

Erledigt!

Bereite für Gäste ein 6-Gänge-Menü zu

Geht immer:

1. Gang: Süppchen,
2. Gang: Fisch,
3. Gang: Pasta,
4. Gang: Sorbet,
5. Gang: Fleisch,
6. Gang: Schokoladentraum

Erledigt!

Halte eine
Rede

Ob bei Papas 80. Geburtstag oder bei der Hochzeit der besten Freundin – die ganz große Bühne wartet auf dich!

Idealerweise wählt man einen humorigen Auftakt und endet mit großen Emotionen.

Erledigt!

Werde unsichtbar

Pumuckl kann das schließlich auch.

Erledigt!

51.

Spende Blut...

...und helfe Leben retten.

Womit wir wieder bei Punkt Nr. 23 wären.

 Erledigt!

Überschreite eine Grenze

Trinke so viel Wein,
bis dir schlecht ist,
gib deinem Chef Widerworte,
hab eine heimliche Affäre ...

Erledigt!

Küsse
einen Frosch
(oder auch mehrere)

Üblicherweise muss man weitaus
mehr als einen Frosch küssen,
bis der Prinz gefunden ist.

Was soll's –
im Idealfall
küssen die Frösche
wenigstens gut.

Erledigt!

Sag, was du **wirklich** denkst

Sie so: „Wie findest du mein neues Kleid?"
Und er so: „Ehrlich gesagt, passt die Farbe überhaupt nicht zu deinem blassen Teint und außerdem macht es dich irgendwie dick."

Erledigt!

Motivier dich selbst

Suche zum Beispiel nicht immer nach Makeln, die keine sind, sondern schreibe dir an guten Tagen auf, was du an dir schön findest.

An schlechten Tagen regelmäßig durchlesen.

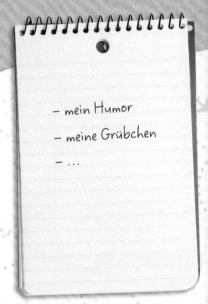

– mein Humor
– meine Grübchen
– ...

Erledigt!

Iss so viel
Schokolade,
bis dir schlecht ist

Das ist wieder
so ein Punkt, der relativ
leicht umzusetzen ist.
Berge von Schokolade,
die sahnig im Mund
zerschmelzen ... Und noch
eine Praline hinterher ...

Mmmhhh ...

Und? Schon übel?

Erledigt!

Pflanze einen Baum

Das Pflanzen eines Baumes symbolisiert einen Neuanfang oder eine neue Etappe im Leben.
Zur Geburt eines Kindes, zur Hochzeit oder auch beim Umzug in ein neues Heim –

einmal im Leben
sollte man
unbedingt
einen Baum
pflanzen!

Erledigt!

58.

Durchschwimme einen See –
von einem Ufer zum anderen.

Aber
geh bloß nicht
unter!

Erledigt!

59.

Überwinde deinen Ekel und
esse Insekten

Egal ob Heuschrecken,
Ameisen oder Mehlwürmer –
knusprig geröstet sind
die kleinen Dinger eine
echte Delikatesse.
Glaubst du nicht?

 Erledigt!

Tue etwas
Verbotenes

Was du auch machst:
Du solltest dich
nicht dabei
erwischen lassen.

60.

 Erledigt!

Pilgere ein Stück des
Jakobswegs

Eine Erfahrung, die Körper, Geist und Seele gleichermaßen gut tut. Den Jakobsweg zu gehen heißt, abschalten und sich auf das Wesentliche besinnen.

Erledigt! ☐

Öffne das Fenster und
schreie einfach mal
allen Unmut hinaus

Aaaaaaaaahhhhhhh!!!!!!

 Erledigt!

62.

Gönn dir einen
Verwöhntag

Sauna, Dampfbad, eine ausgiebige Massage
und danach ein gutes Essen ...
Lass es dir einmal richtig gut gehen.

Erledigt!

Übernimm ein Ehrenamt
und zeig dein großes Herz

Kein Geld, dafür Lob und Ehre
und ein sehr, sehr gutes Gefühl.
Wenn das nichts ist!

Erledigt!

Baue einen
Schneemann

Eine Möhre für die Nase, zwei Kastanien für die Augen
und jede Menge Spaß.

Erledigt!

Schwimme mit Walen

Ein guter Grund, eine kleine Weltreise
zu unternehmen. Mit Walen schwimmen
kann man zum Beispiel vor der Küste
Kaliforniens, auf den Azoren, auf Island,
in Kanada ...

Erledigt!

Sag jemandem ehrlich
deine Meinung

Grrrrmmmph
und überhaupt!

Das erfordert jede Menge Mut und ist nicht so einfach, wie es klingt.

Allerdings ist die Erleichterung danach meist überwältigend, so dass man sich definitiv überlegen sollte, öfter mal offen und ehrlich seine Meinung zu sagen.

Erledigt!

Heirate!

Heutzutage muss man natürlich nicht mehr unbedingt heiraten. Und dennoch sollte man es (mindestens) einmal im Leben tun.

Zu dem Menschen „Ja!" sagen, den man liebt, ist eben immer noch der ganz große Klassiker.

Erledigt!

Gehe in die Oper

Und fühle dich großstädtisch und weltgewandt!
Ob La Traviata oder Mozarts Zauberflöte –
ein Opernabend gehört mindestens
einmal im Leben auf den Plan.

Erledigt!

Sei entspannt und lache über dich selbst

Besser, als wenn andere das tun, oder?

Erledigt!

Lerne eine
Fremdsprache

Wie wär's zum Beispiel mit Italienisch?
Giovanni aus der Pizzeria wird begeistert sein,
wenn du beim nächsten Mal dein Essen
in fließendem Italienisch orderst.

Erledigt!

Fasse einen Schornsteinfeger an (soll ja Glück bringen)

Wo genau, bleibt dir selbst überlassen ...

Erledigt!

Pflücke
frische Erdbeeren

Denn wer wissen möchte, wie Erdbeeren wirklich schmecken, geht aufs Erdbeerfeld und pflückt selbst. Vorsicht: Man wird schnell zum Wiederholungstäter ...

 Erledigt!

Führe Tagebuch

Montag, 23.5.2002:
„Heute war ich schwimmen." Naja, es wird bestimmt noch interessantere Eintragungen geben, über die man sich dann viele Jahre später mit Sicherheit köstlich amüsiert.

Erledigt!

Mache einen Tanzkurs

1, 2, Chachacha!

Spätestens bei der eigenen Hochzeit wird erwartet, dass man wenigstens einen Tanz beherrscht.

Wer sich also nicht ganz zum Affen machen möchte, der leistet sich zumindest den 4-Stunden-Schnellkurs „Walzer für Anfänger". Oder so ähnlich.

Erledigt!

Stelle den **Soundtrack**
deines Lebens zusammen

eißt du noch? Damals in der 9. Klasse, als bei der tollen
arty dieses eine Lied von Whitney Houston lief und du
um ersten Mal geknutscht hast?
n unvergesslicher Moment.
der dieser witzige Song, der
tzten Sommer immer im Radio
ef, als es so heiß war und du
as Leben in vollen Zügen
enossen hast?

Mix 3

Erledigt!

Trinke eine Maß
auf dem Münchner Oktoberfest

Oans, zwoa, gsuffa!

Einmal im Leben sollte jeder
das Münchner Oktoberfest
besucht haben.
Schließlich schaffen das
sogar gefühlte 90% der
australischen Bevölkerung!

Doch Vorsicht: Das Bier
ist stärker als normales Bier.
So manch einer hat
sich da schon unter die
Bierbank „gsuffa".

Erledigt!

Singe Karaoke

Waterloooo, lalalalalala
　　　　Waterlooooooo, lalalalalala ...

Karaoke hat seine eigenen Regeln.
Die wichtigste: Je schlechter, desto besser!

Erledigt!

Iss frühmorgens ein Fischbrötchen auf dem Hamburger Fischmarkt

Moin moin!

Nichts schmeckt besser als ein Matjesbrötchen mit Zwiebeln nach einer langen Hamburger Nacht.

Erledigt!

Lies die **Märchen**
der Gebrüder Grimm

Man sollte die Märchen
nicht nur als Kind
vorgelesen bekommen
haben, sondern sie
im Idealfall
noch einmal lesen,
wenn man erwachsen ist.

Denn erst dann
kann man erfassen,
wie weise und klug
und schön die
Erzählungen
tatsächlich sind.

Erledigt!

81.

Backe einen Kuchen

Schokokuchen, Zitronenkuchen, Marmorkuchen, Rumkuchen, Kirschkuchen, Rosinenkuchen, Geburtstagskuchen, Apfelkuchen, Sandkuchen, Butterkuchen, Krümelkuchen, Rotweinkuchen ...

 Erledigt!

EXIT

82.

Verlasse
deinen Partner

... bevor er
dich verlässt.

Erledigt!

83.

Betrachte ein berühmtes
Gemälde im Museum

Wie wäre es mit der Mona Lisa? Die hängt ja bekanntlich im Louvre in Paris, was sich wiederum ganz gut mit dem übernächsten Punkt auf dieser Liste verbinden ließe …

Erledigt!

Schreibe einen
Leserbrief...

... in welchem du dich intensiv zu einem Artikel, einem kontroversen Thema oder ähnlichem äußerst.

Auch du hast etwas zu sagen!

Erledigt!

Fahre spontan nach Paris und steige auf den Eiffelturm

Donnerstags Ticket gebucht,
Freitagmittag ins Flugzeug
gesetzt, Abendessen in einem
kleinen französischen Restaurant,
Samstag durch Paris geschlendert
nachmittags auf den
Eiffelturm gestiegen,
WOW!
Sonntagsfrühstück mit
Café au lait, danach
Spaziergang an der Seine,

abends glücklich
zuhause gelande

Erledigt!

Streichle einen Pinguin

Warum? Keine Ahnung.
Wahlweise kannst du
auch einen Elefanten,
einen Löwen oder
einen Koalabären
streicheln.

Vergiss nicht,
ein Foto davon
machen zu lassen.
Als Beweis.

Erledigt!

Lehne einen Heiratsantrag ab

Voraussetzung ist natürlich,
dass man überhaupt einmal einen bekommt.
Zu wünschen bleibt anschließend,
dass nach dem abgelehnten Antrag
irgendwann von irgendwem ein zweiter kommt.

 Erledigt!

Lüge,
um anderen
nicht weh zu tun

Davon geht die Welt nicht unter, sie wird nur ein kleines bisschen freundlicher werden.

Das Kontrastprogramm zu Nr. 54.

Erledigt!

89.

Tanze
die Nacht
durch

Tanze Samba mit mir,
tanze Samba die ganze Nacht ...
Die Hüften bewegen sich im Rhythmus
der Musik, die Beine wollen nicht aufhören,
sich zu bewegen, die Nacht ist noch jung,
wir sind jung, es lebe die Nacht!

Erledigt!

Gehe am Strand spazieren

Macht den Kopf frei.
Egal ob an einem
lauen Sommerabend oder
an einem stürmischen Wintertag.

90.

Erledigt!

Spiele in einem

Theaterstück

mit

Wer weiß,
vielleicht wirst du ja entdeckt?

Erledigt!

Erfahre uneingeschränktes

Vertrauen

und erweise dich
dessen als würdig

Erledigt!

Wechsle deine
Autoreifen selber

Die leichteste Übung, oder?

Reifen runter, neue Reifen wieder drauf, fertig!
Wer kein Auto hat, nimmt wahlweise Fahrradreifen ...

 Erledigt!

Hilf einem alten Menschen

Ob Tüten nach Hause tragen, Sitzplatz überlassen
oder einfach ein freundliches Lächeln.
Hilfsbereitschaft zeigen
kostet uns keinen müden Cent und
ist doch ganz schön viel wert.

Erledigt!

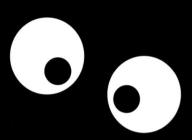

Gehe in einem
Dunkelrestaurant
essen ...

... und lerne deine Geschmacksnerven ganz neu kennen.

Du wirst staunen, wie anders und viel besser
Essen schmeckt, wenn wir uns richtig
darauf konzentrieren und alles andere ausblenden.

 Erledigt!

Lauf Schlittschuh
auf einem zugefrorenen See

Ein klirrend kalter Wintertag, schnell die Schlittschuhe eingepackt, der See ist komplett zugefroren, mit roten Backen dreht man wackelige Pirouetten, langsam wird es dunkel, zuhause wartet schon ein heißer Tee ...

Erledigt!

Steige nachts in ein Freibad ein

Gut, das ist zwar verboten, aber man muss es definitiv einmal im Leben gemacht haben. Am besten mit der ganzen Clique. Bist du bereits Ü30, bist du etwas spät dran und musst das wohl alleine nachholen.

Vorsicht, lass dich nicht erwischen: Die Schnelligkeit nimmt in diesem Alter rapide ab ...

☐ Erledigt!

Veranstalte eine richtig große Party mit deinen Freunden – einfach so

Geburtstag feiern kann jeder, Hochzeit feiern auch. Coole Menschen brauchen aber keinen Vorwand, die Korken knallen zu lassen. Worauf wartest du noch?

Man muss die Feste feiern, wie sie fallen ...

Erledigt!

Sei glücklich!

Es gibt so viel Schönes auf unserer Welt.

Manchmal hilft es schon, den kleinen Wundern
mit etwas offeneren Augen zu begegnen.
Das heißt: ab und zu innehalten,
staunen, freuen, glücklich sein.
Und sei es nur für einen winzig kleinen Moment.

 Erledigt!

Bildnachweis:
Titel, S. 36 u. Rückseite: iStockphoto/Stanislav Pobytov; S. 2, 3, 4, 5, 6, 7, 8, 9, 10, 12, 15, 16, 17, 18, 20, 23, 25, 26, 28, 29, 30, 31, 32, 33, 34, 35, 37, 39, 40, 41, 42, 44, 45, 46, 47, 48, 49, 50, 52, 53, 54, 55, 56, 58, 59, 61, 62, 63, 64, 65, 66, 68, 70, 71, 72, 73, 74, 75, 76, 77, 78, 79, 80, 82, 83, 85, 86, 87, 89, 90, 91, 92, 93, 94, 95 : iStockphoto/Thinkstock; S. 11: Lifesize/Thinkstock; S. 13: Brand X Pictures/Thinkstock; S. 14, 21: Stockbyte/Thinkstock; S. 22, 32, 38, 57, 58, 88: Hemera/ Thinkstock; S. 24, 60, 67, 69: Comstock/Thinkstock; S. 27: PhotoObjects/Thinkstock; S. 43: Polka Dot/Thinkstock; S. 51: F1online/Thinkstock; S. 81: David De Lossy/Digital Vision/Thinkstock; S. 84: iStockphoto/oonal.

Alle Hintergünde: Thinkstock und iStockphoto

Autorin:
Eva Heilmann

Idee und Konzept:

ISBN 978-3-8485-1029-0
© Groh Verlag GmbH, 2013

MIX
Papier aus verantwor
tungsvollen Quellen
FSC® C011862

137010-4355-0

Things to do

Mach eine Liste
mit 100 Dingen,
die man einmal im Leben
getan haben sollte

Mach daraus ein Buch,
das sich wahnsinnig gut verkauft,
und du bist Punkt Nr. 99 ganz, ganz nah ...

Erledigt!